L b 9/59.

A SA MAJESTÉ

CHARLES X,

ROI DE FRANCE.

———

ADRESSE.

VŒUX SUR NOTRE PATRIE.

Je regrette une impression si serrée et sur une aussi petite dimension.
L'on ne peut dit-on, lithographier soi-même son écrit, quoique signé.
Je ne puis me résoudre à en différer l'hommage.

SENLIS,

IMPRIMERIE DE TREMBLAY, RUE DU CHAT-HARÊT.

1824.

A S. M. CHARLES X,
ROI DE FRANCE.

ADRESSE.
VŒUX SUR NOTRE PATRIE.

SIRE,

 Sous quels heureux auspices s'annonce le règne de votre Majesté! Que, marqué par des bienfaits, chacun de vos jours s'écoule dans le calme et la tranquillité!

 Désireux du bonheur de notre Patrie, occupé à le méditer sans cesse, Votre Majesté doit me permettre de lui adresser avec le plus de confiance et de respect les idées que j'estime le plus directement devoir nous amener à ce but sacré; peut-être m'ordonne-t-elle (puisque j'essaie de parler) de lui dire tout ce que je pense? Sa sagesse en déterminera la valeur.

Votre Majesté (tel est mon avis ; qu'elle en excuse l'expression) vient de conquérir la grande majorité des cœurs français, intelligens, en révoquant l'ordonnance de la censure. Que la presse soit libre ! Votre Majesté, l'opinion publique la juge.

Votre Majesté au-devant du parvis de Notre-Dame a été arrêtée par les Sœurs hospitalières près des malades de l'hôtel-Dieu. Précédemment elle les a visités ! *Res sacra, infirmitas, œgritudo ! Res sacra, miser !*

Que nos seules misères désormais soient celles que commande, qu'impose la nature !

PROPOSITIONS.

Sur la Presse.

(Je commence par elle ; déjà je viens d'en parler. J'ai déjà offert ces idées (20 décembre 1821) (1) Elles furent insultées. Je les crois sages encore).

Que la presse soit libre ! Elle est un droit. Que les délits dont elle est susceptible se divisent en deux classes. En délits *matériels* et en délits d'*opinion*. Les délits matériels consistent à conseiller par écrit ce que les lois pénales ne permettent ni de dire ni de faire. Ils sont du ressort des Tribunaux, tenus d'en prendre connaissance et d'en poursuivre le redressement.

Les délits d'opinion consistent sur toute matière d'intérêt public ou particulier dans l'émission de propositions fausses et dangereuses. Parce que les opinions sont déclarées libres,

---

(1) Séance de la Chambre des Députés.

toutes ne sont pas justes, droites ; il en peut être même qui soient inspirées par la malveillance, soldées par des étrangers perfides ;

Qu'il y ait par arrondissement, par département, et au chef-lieu de l'état des commissions d'une censure *libre*, de 3, de 9 et de 40 membres, nommés par le Gouvernement, dont les noms soient publiés, choisis parmi les personnes les plus probes et les plus instruites, s'adjoignant au besoin des professeurs d'arts ; recevant un exemplaire de tout écrit signé, ils en prendront connaissance ; dans le premier mois qui suivra la publication, ils ordonneront, s'il y a lieu, s'ils jugent que l'erreur ne doit pas tomber d'elle-même, qu'il soit inscrit sur chaque exemplaire : *Prévenu de délit d'opinion* ; et dans les 3 mois suivans ils en énonceront un jugement raisonné solemnel ; jugement dont extrait dressé par les censeurs eux-mêmes, sera inscrit de même sur chaque exemplaire qui, s'il n'offense pas la pudeur, ne pourra être supprimé. Le recueil des aberrations de l'esprit humain, à mon avis, en deviendrait le guide le plus certain.

Le prononcé des commissions sera toujours d'abord sans frais communiqué à l'auteur s'il s'est nommé : à son défaut à l'éditeur, à défaut de celui ci à l'imprimeur, qui doit toujours avoir signé et est responsable jusqu'au moment où sommé par l'autorité il en produit l'auteur.

Les délits d'opinion ne sont justiciables proprement que de la seule opinion publique, qui, toujours en des cas de haut intérêt, doit être mise à même d'être éclairée.

Qui le veut doit toujours puovoir s'élever contre le prononcé des commissions de censure.

SIRE,

Des élections.

Rendez-nous notre première loi d'élection, libre, dégagée de tout double vote, et par séries annuelles. Par elles il y a véritablement continuité d'action et de vues : il règne une expérience qui se propage sans cesse. Le cinquième entrant chaque année en la Chambre des Députés, offre l'image d'une onde nouvelle, qui, au besoin, vient clarifier celles majestueuses d'un fleuve bienfaisant. Ne craignons pas le moment d'élections partielles, locales, disséminées ; elles appellent l'intérêt sur la chose publique.

SIRE, toute influence ministérielle sur les élections est un délit, est un crime de lèse-nation au premier chef. Le député doit être le produit libre et réfléchi des suffrages de la majorité des citoyens revêtus de la plénitude des droits de cité ; offrant une garantie suffisamment constatée par la propriété, par une industrie acquise, par des examens et concours publics du besoin et de l'amour de l'ordre. Que tous nos efforts tendent à assurer cette expression également éloignée du despotisme et de l'anarchie (fantômes que nous cessons de craindre). Qu'avant la tenue des élections chaque électeur soit invité à inscrire sur une liste qui se répandra parmi eux le nom de celui qu'il juge le plus probe, le plus intègre, le plus instruit, le plus plein de lumières politiques, le plus sage ; qu'avant les élections ils soient invités paisiblement à se réunir pour débattre entre eux, sans animosité, sans aigreur et pour leur intérêt commun celui qu'ils doivent choisir. Que nulle voix ne puisse être achetée, payée ! Que les murs de leur salle d'assemblé leur disent qu'ils doivent repousser l'intrigant, l'hypocrite, le factieux, et, en même tems l'homme pusillanime. Que ces murs disent qu'une fonction publique est une charge, un fardeau, qu'il n'est pas permis de refuser, mais qu'il est imprudent de désirer ; qui demande de grands talens ; et (je me répète) une probité sans tache ; qu'elle ne doit jamais être un moyen de fortune, que l'homme public n'est plus à luimême mais à ses devoirs, et que, pour dédommagement de ses peines, de sa sévérité, s'il doit être défrayé de ses dépenses forcées, il n'aura pour salaire que les suffrages publics ; récompense la plus magnifique !

Sire,

Du régime municipal. Que nos administrations de communes, d'arrondissemens et de départemens soient municipales, nommées en leurs enceintes, celles des communes au moins par les deux tiers de leurs habitans offrant le plus de garantie. V. M. dans chacune ne peut connaitre le plus digne. Elle se débarassera d'un travail pénible, difficile. Qu'il lui suffise de planer sur tous par sa surveillance positive sur toute autorité centrale. Beaucoup de maires ne seront pas changés,

mais V. M. sera certaine qu'ils seront le produit de la volonté publique. Ils seront responsables de l'ordre.

De la distribution et organisation de la force publique active.

SIRE,

Notre police intérieure, nos moyens d'une défense extérieure doivent être supérieurs à tout obstacle. Qu'importe notre étendue? Certes, qu'elle ne soit pas diminuée! Que notre but soit la justice et la sécurité!

La force publique est dans la sagesse de nos institutions, dans l'union des volontés; ayons dans nos villes des messiers, dans nos campagnes des gardes-champêtres; qu'il en soit par communes sans rétribution; des enfans de famille seront déjà honorés de ce témoignage de confiance publique.

Ayons des commissaires de police, des constables même en chaque rue; ayons une gendarmerie recevant l'ordre des maires. Voilà pour la police habituelle.

Rendez-nous, SIRE, donnez-nous une garde publique dite garde nationale fortement constituée.

Que tout Français atteignant sa dix-huit°. année soit tenu d'être instruit du maniement des armes et des principes d'évolutions militaires.

Soyons distribués par classes, par âges; il y aura 7 classes.

La première jusqu'à 18 ans est celle de l'enfance.

La seconde de 18 à 23, de la jeunesse.

La troisième de 23 à 35, de la virilité.

La quatrième de 35 à 45, de la réserve.

La cinquième de 45 à 60, de la maturité.

La sixième de 60 à 70, de la vétérance.

La septième depuis cet âge est celle de la vieillesse.

La première classe appartient à ceux qui lui ont donné le jour. Elle est déjà à la Patrie ; elle subira des examens publics. Il est par arrondissement de justice de paix un censeur ; officier de morale et d'instruction publique, chargé de surveiller et d'activer tout ce qui tient à ses heureux développemens.

Il sera relativement au service militaire par commune, section de commune, un instructeur chargé de donner des leçons gratuites à l'indigent qui recevant un habit, des armes, les dépose après les momens d'instruction ; elle a lieu une fois dans la semaine et une partie du jour consacré au repos.

Hors ces momens si l'indigent est appelé au service des armes, il est soldé. L'habitant non éloigné de plus de 3 lieues de son domicile n'étant pas retenu plus de trois jours armé ne reçoit généralement point de rétribution.

De 18 à 23.

A 18 ans, s'il est suffisamment instruit ; si sa conduite a été sans reproche ou s'il a mérité que ses fautes lui soient pardonnées, au moment de l'Equinoxe, le Français prête le serment d'inscription militaire ; il devient soldat pour sa vie, prêt à obéir à toute réquisition du magistrat. Une fois par semaine il est sous les armes. Au cas de guerre il se place en la seconde ligne.

De 23 à 35.

A 23 ans il prête au jour du solstice d'été, le serment de présentation aux droits de cité.

Ces droits consistent dans l'émission de suffrage en l'élection des magistrats et dans les votes sur le contrat social.

L'exercice en est suspendu pour celui qui est repris par jugement, ou s'il n'offre pas en sa personne l'ensemble des garanties exigées d'un suffisant amour de l'ordre. Ces conditions venant à être remplies, les droits de cité lui sont acquis.

Une fois par mois il s'exerce aux évolutions militaires. Ces momens sont des jours de gymnastique, de fêtes. Au cas de guerre la troisième classe est en première ligne.

De 35 à 45.

La quatrième classe en tems de guerre forme les corps de réserve. En tems de paix, elle prend tous les trois mois part aux manœuvres.

De 45 à 60.

Au cas de guerre la cinquième classe est en troisième ligne. Pendant la paix elle ne prend les armes que deux fois par an.

De 60 à 70.

La sixième classe ne fait qu'un service d'honneur; à sa demande, une fois par an, au solstice d'été, elle prend part aux grandes manœuvres; au cas de guerre, elle entoure les autorités centrales.

Depuis 70.

La septième classe, dite de la vieillesse, à l'avance jouit du repos; elle a une place distincte dans les fêtes. Chaque année au moment de l'Équinoxe, la deuxième classe atteignant sa dix-huit°. année vient déposer et prêter entre ses mains le serment d'amour, de fidélité, de dévouement à la patrie.

Le service de l'artillerie de la garde publique se fait par villes sur examens publics, d'après une instruction déterminée. Ce service sera fait double, servant au cas de guerre les pièces de magasin.

Le service de la cavalerie a lieu par arrondissemens sur inscriptions volontaires.

Le corps d'officiers du Génie militaire par suite sera réuni à celui des ponts et chaussées.

La défense de tous les sites à l'avance sera prévue.

Notre système do défense sera simple. Eh qu'importe une invasion prévue! où s'il se peut non prévue. Une première loi est portée : *le tort qu'elle peut produire est supporté par la masse.*

Cette invasion a-t-elle lieu par forces suffisantes ! Le Français emporte tout ce qu'il peut, et sans se laisser entamer, par échelons se retire sur le centre.

Au premier coup de tambour, le tocsin s'est fait entendre, et déjà sept millions d'hommes sont sur pied. Quand le Français présente front, les Basques et tous habitans de l'est et de l'ouest sont accourus sur les derrières et sur les flancs. L'ennemi est entouré, de tous côtés il est assailli; et ne se sauve que celui qui tombe à genoux.

Bien entendu qu'en l'intérieur tous espions diplomates Russes, Anglais, sont pendus.

Il ne faut point de traîtres ni d'artisans de séditions et de crimes.

Nota. J'estime qu'en ce moment M. Canning, digne Pitt, travaille la malheureuse Espagne; j'estime qu'il dépense ainsi et dans l'Inde les fonds secrets que lui accorde le parlement d'Angleterre.

Grande police intérieure.

Employées à des mesures d'ordre, de police intérieure, les classes sont réunies par localités; elles agissent confondues.

Fournissant des gardes d'honneur aux autorités centrales, les gardes publiques de tous les départemens y contribuent à la fois sur inscriptions volontaires; elles sont successivement renouvelées; ce service n'offre nulle rétribution personnelle; il n'est pas permis d'en accepter. Les seuls frais de voyage, de séjour, sont supportés par les départemens.

En l'intérieur, en une commune populeuse, lorsque la masse active à l'avance instruite, peut être appelée sous les armes, y introduire pour le maintien de l'ordre une force soldée, c'est prêter aux habitans la volonté du crime, c'est vouloir commander à des esclaves.

La Garde nationale étant ainsi organisée et successivement instruite, dans environ 15 années le nombre des troupes soldées pourrait être successivement diminué; peu à peu la population instruite offrira une défense invincible. Elle ne sera pas propre à conquérir; mais le système de l'agglomération des cités par la force est attentatoire à toute moralité, à toute lumière acquise. La force physique aveugle ne peut produire nul droit réel sur un peuple. Son association ne peut dépendre que de sa volontée exprimée ; leur intérêt bien entendu doit seul cimenter l'union des hommes.

Une Colonie conservant une reconnaissance éternelle pour la patrie qui l'a fondée, toujours bien accueillie par elle, acquérant un suffisant développement de ses forces a droit à l'émancipation, à l'indépendance.

De la justice distributive.

SIRE,

Un des premiers devoirs de l'homme en société est, hors les cas de surprise, de danger pour sa vie, de renoncer au droit naturel de se faire justice à soi-même, et de s'en rapporter au texte précis des lois, au prononcé des magistrats, du soin de garantir son honneur et de réparer les torts qui lui sont faits. L'honneur ne prescrit pas la vengeance, mais souvent le mépris des injures et toujours le plus grand dévouement aux secours que peuvent réclamer la faiblesse et l'innocence. Ainsi le crime du duel doit s'expier encore par l'ignominie.

Si l'homme civilisé doit respect, obéissance aux lois, il doit en elles trouver un abri, un asile auquel sans hésitation, sans crainte, sans frais il puisse recourir sans cesse.

La justice doit être gratuite. Les formes, les formalités qu'elle exige, doivent être faciles à connaître pour tous. Tout individu doit pouvoir plaider sa cause, se défendre lui-même, et, s'il a droit, n'être astreint à aucun frais quelconque, la sévérité du châtiment ne doit retomber que sur l'injuste.

Peut être la Justice de paix ne doit-elle s'exercer que par ses décisions paternelles sur toute contestation, sur tout fait correctionnel sans le mélange d'aucun acte civil. Combien sa dénomination est belle! *Justice et Paix*. Béni celui qui en remplit dignement les fonctions sacrées.

De la peine de mort. J'ai prononcé le mot *Justice*, puis-je ne pas parler de la peine de *Mort*?

Au dernier retour de S. M. Louis XVIII, au tems qui précéda la mort de M. de Labédoyère, j'avais essayé d'écrire au Roi. « SIRE, après tant
» d'agitations, de traverses, de mal-
» heurs, la France affligée a besoin
» de repos. Elle veut le trouver près
» de V. M. Des partis, diverses opi-
» nions vont chercher à prévaloir
» près d'elle; qu'elle s'empare des
» événemens, et pour certifier à tous
» son esprit bienfaisant, (1) qu'elle
» prononce dès ce moment avant tout
» l'abolition de la *Peine de Mort*.
» Assez il est d'autres peines suffi-
» santes, nécessaires. » ......

Si j'eusse été membre de la Chambre des Députés lorsque M. de Labédoyère voulait y faire passer le sceptre aux mains de l'enfant lors appelé Roi de Rome, j'eusse dans mon indignation au sein de la Chambre même cherché à l'étouffer; mais depuis il était terrassé, vaincu.

(1) La supression subite de la Censure vient d'en produire l'effet.

Lorsque la peine de mort a lieu, elle s'applique quelquefois pour des faits qui ne sont pas même des délits. En révolution, des idées politiques différentes conduisent à la mort, tandis que le devoir prescrit d'obéir à sa conscience. Nous ne sommes plus à ces tems, mais le malheur peut les rappeler. Sans doute il est des coupables évidens, mais qui peut répondre que par suite de la fourberie, du mensonge, tous indices trop positifs et faux par le dénonciateur pervers ne puissent être réunis sur l'innocent? L'objet de la mort est de repousser le crime; souvent à sa vue il se commet. N'est-il donc pas d'autre moyen de le punir? La mort est un châtiment d'un moment. Une exposition renouvelée en tous lieux d'assemblée générale, l'écriteau du crime, la honte, la chaîne accouplée, le prix d'un labeur pénible servant en sa plus grande partie à un soulagement quelconque; et dix ans, quinze ans de remords, de travail et de repentir ne peuvent-ils apporter l'indulgence? Le criminel fut en démence. Le droit de mort n'appartient qu'à celui qui donne la vie, j'ai le droit de donner la mort pour la défense de mes jours, mais le malheureux une fois vaincu, réduit, ayant les pieds, les bras liés, je n'ai plus de droit sur lui. Ainsi la patrie en ses momens de combat peut donner la mort. Je lui en refuse le droit si le coupable est saisi. La patrie n'est que l'ensemble d'hommes qui me sont semblables. La modération des châtimens est loin d'exciter au crime, il est dur de souffrir long-tems. Trop souvent craignant la mort, la crainte d'être découvert a fait égorger, on ne voulut que dérober. Laissons à Dieu le soin de retirer l'homme de dessus la terre. Au nom de l'humanité, j'estime qu'elle le prescrit, Sire, prononcez cette abolition de la *Peine de Mort*, et cependant je me persuade que les cas de l'appliquer faussement de long-tems, grâce à V. M., ne se présenteront pas.

Sur les Finances.

Je parlerai peu de finances.

Que la dette, les dépenses arriérées et celles courantes soient le plus distinctes !

Sire, point de remboursement de rente, s'il n'est reçu volontairement de la part du rentier, et s'il n'augmente pas la dette matérielle de l'état.

Moins de représentation, de luxe, de diners ministériels. Plus de places si lucratives dans les finances. S'il se peut, plus d'agiotage. Mais mes idées sur ce point sont sans doute exagérées ; selon moi un agioteur est un fripon.

L'homme vertueux méprise l'or. Que le seul moyen de fortune soit dans le travail, l'économie, le commerce, les arts et l'industrie ! Je voudrais que le plus haut salaire, que la plus haute pension n'excédât pas deux mille écus.

Cette proposition souleverait bien des esprits....

De la Mendicité.

Votre Majesté fera disparaître ce fléau.

La société des arts du département du Pas-de-Calais en les questions qu'elle avait posées avait demandé quels moyens le pourraient détruire. Je pense les lui avoir indiqués.

Sur la loi des Successions.

Une disposition bien importante du Code civil sur la loi des Successions me paraît devoir être changée. Tandis que tout propriétaire généralement peut disposer de ses biens, le père de famille seul, parce qu'il a des enfans (à la vérité sa propriété éminemment précieuse et chère) n'est plus le maître de ce qu'il possède. Si, d'après des malheurs anciens, il s'en trouve de plusieurs lits, il peut s'attendre qu'aussitôt ses yeux fermés, autant d'huissiers, que peut-être il a d'enfans, viendront saisir sa misérable et faible dépouille, pour ses hardes, ses vêtemens, ses meubles, le lit peut-être de son épouse, celui d'enfans encore en bas âge être mis en une vente publique au-devant de brocanteurs avides; et s'il avait une modique propriété dont il s'était plu à réunir le domaine afin d'offrir un ensemble plus facile à la culture et plus à l'abri de chicanes, lui mort, ses pièces seront de nouveau déchiquetées, morcelées, vendues, et ses travaux, ses constructions, ses efforts deviendront sans effets, dénaturés, perdus.

« Mais, dira-t-on, ayant des enfans » divers, même de plusieurs lits, peut-» être il sera injuste. » Parce qu'il aime ses enfans derniers, oubliera-t-il la satisfaction qu'il éprouve des autres, quoiqu'il les ait moins sous ses yeux, s'ils sont, et ses gendres, ses belles-filles, pour lui ce qu'ils doivent être? S'il peut être injuste, un enfant ne peut-il aussi cesser d'être respectueux, et leurs droits alors peuvent-ils rester les mêmes?

Un père, une mère doivent pouvoir disposer de ce qu'ils ont, le père, la

mère, ne doivent pas recevoir la loi de leurs enfans, encore qu'ils leur soient chers? ils peuvent vouloir que le peu qu'ils ont ne soit pas jeté en un encan public; les frais des hommes de loi absorbent les successions entières: il en est toujours des exemples récens; en quoi ma succession leur appartient-elle?

Je demande qu'il soit dit (les mœurs publiques, l'autorité paternelle en sera plus conservée):

« Les pères et mères sont libres de
» disposer de leurs propriétés. »

« Au cas où ils meurent sans dispo-
» sitions précises, légales, tous les
» enfans ont droit à un partage égal »

Alors toute succession directe ne sera plus la proie nécessaire des hommes de loi, des huissiers.

Mais j'ai encore, SIRE, à chercher à vous présenter des considérations d'un ordre plus élevé, elles tiennent aux sommités de la Charte, de notre contrat social : elles veulent être bien débattues et le plus réfléchies. En ce premier moment de votre règne, je puis dire de votre gloire, est-ce le moment de vous en entretenir? Et ces points ne sont-ils pas délicats? Ne devons-nous pas craindre de les approfondir?

SIRE, si je pouvais espérer une seconde fois essayer de me faire entendre de V. M., s'il m'était dit que mortel, mes jours peuvent se prolonger, ici je terminerais mon écrit; mais mes idées m'appartiennent, depuis des années je les estime justes, sages; encore que je les aie fait imprimer, V. M. ne doit pas les avoir aperçues; peut être précisent-elles davantage les écrits que nous offrent nos hommes de génie? ma vie peut cesser; je crois me devoir de vous les soumettre.

Sur la Chambre des Pairs.

Je demande la conversion de la Chambre des Pairs en un Sénat, composé de membres ayant au moins 45 ans, renouvelés tous les six ans par séries annuelles. Ayant été deux fois élus, sortans de fonction ils deviendraient pour leurs vies membres d'un tribunal d'état suprême, chargé de prononcer sur toute prévarication, sur tous crimes pouvant compromettre au premier degré la sûreté, l'indépendance publique.

Ainsi dans nos départemens ceux qui deux fois y auraient été nommés membres de Conseil-général en formeraient à vie le tribunal central, jugeant les hauts délits politiques intérieurs;

Digne prix de leurs vertus publiques!

Sire, en ce moment la chambre des pairs est souvent à la fois Corps législatif de haute administration publique et Cour de justice; c'est en politique une monstruosité. Cette chambre réunit des attributions reconnues incompatibles.

Sans doute ce Corps, tel qu'il est aujourd'hui composé, offre la réunion de personnes ayant le plus marqué par leur capacité, par leurs vertus publiques, mais il en est qui sont sans titres qui leur soient personnels. Il en est qui ne s'y trouvent placés que par suite de la faveur.

Que pour être élu en la Chambre des Sages il faille le concours d'une voix publique méritée, qui seule en ouvre l'accès.

Le Sénat pourrait être nommé par les Électeurs réunis aux chefs-lieux de départemens ; les membres de la Chambre des Députés le seraient par arrondissemens.

Par suite de la formation du Sénat le tribunal d'état Suprême serait de lui-même établi ; nécessaire, il se trouverait composé de l'élite des gens sages, expérimentés, les plus murs pour le chose publique, revêtus de tous les caractères qui donnent la confiance, noble récompense de la plus honorable vie.

Avec de tels élémens qui au milieu de nous pourrait vouloir troubler l'ordre sans être à l'instant jugé et renversé ?

Du mode de révision de la Charte.

Mais cette institution du Sénat à substituer à la Chambre des Pairs est un changement aux termes précis de la Charte qui nous régit. Nous en sentons la nécessité. Qui peut la proposer ?

L'examen de tout changement à apporter à la Charte ou contrat social serait remis aux soins d'une commission nommée par département *ad hoc*, pour un tems déterminé, ne pouvant avoir aucun pouvoir d'administration ; elle porterait la dénomination de Chambre de propositions.

Une autorité déjà constituée ne peut toucher à la Charte, changer l'équilibre qu'elle a établi, modifier ses attributions, ou celles, qu'elle se donnerait, pourraient être en l'intérêt privé de ses membres au détriment propre de l'intérêt général et public. Une institution, toutes réunies ne sont pas le Souverain. Le Souverain est celui qui prononce sans division et sans partage.

Le principe d'une société est l'assentiment librement exprimé de la majorité de sa masse active. Il doit pour être positif être consigné en une charte ou contrat social écrit, déterminant le but qu'elle se propose et les moyens qu'elle adopte pour l'obtenir.

Avec quelque lumière, avec quelque sagesse qu'ait été rédigé le contrat, il n'a pu tout prévoir, il n'a pu parer à la marche souvent inégale du tems qui influe sur nos rapports, qui les augmente, les change, et par intervalle amène des lumières nouvelles, encore que les principes des choses restent les mêmes.

Ces principes qui se perpétuent veulent que la Charte que les changemens qui y sont apportés ne soient pas le produit de circonstances aveugles éphémères, mais muris par la réflexion qu'ils soient bien véritablement choisis, consentis par la magnanime volonté de la masse active. Le principe d'un gouvernement est son obéissance fixe à la Charte au contrat qui l'établit.

L'objet du contrat est de substituer la moralité, les fruits de la sagesse, de l'expérience, à la fougue des passions désordonnées individuelles; de fonder des institutions qui, régularisant tout, servent le plus directement à l'acquit de tout devoir public.

De la demande de révision de la Charte. La demande de la révision de la Charte doit appartenir à V. M. Elle en émettrait une seconde fois le vœu au bout d'une année afin qu'il fut prouvé qu'il est muri davantage.

Aussi cette demande, à la même condition d'être répétée, serait attribuée à chacune des deux Chambres;

elle pourrait encore être faite par le tiers des assemblées annuelles d'élection par séries.

J'estime de plus que de droit cette révision doit avoir lieu tous les 25 ans. 1°. pour en quelque sorte forcer le corps social lui-même à revenir sur lui, 2°. pour l'appeler à un nouveau développement de tous ses moyens ; pour s'assurer que l'ordre règne, que la volonté publique ne peut être détournée, étouffée ; et enfin pour la satisfaction des droits des générations successives.

En cet intervalle la masse de la population active peut être présumée renouvelée pour un tiers. Un plus long retard rendrait cette révision trop inusitée, et pourrait opérer du désordre ; étant plus rapprochée, sans nécessité démontrée, elle amènerait une vassillation inutile.

Le travail de la commission, de la chambre de propositions, qui devra être achevé en cinq mois fixes, où une autre commission serait appellée, sera soumis au choix, à l'acceptation ou au rejet de la masse active réunie en la personne de ses électeurs aux chefs-lieux de leurs départemens.

De la Morale publique.

Parlerai-je encore de morale publique ? Ce sujet élevé doit reposer principalement en l'ame de Votre Majesté. Toutes les religions seront également protégées, respectées. Elles ont nécessairement la morale pour base.

S'il se peut que les lois qui les vont régir soient les mêmes pour toutes, déterminant elles-mêmes tout ce qui les concerne, et offrant un même exemple d'obéissance et de soumission aux lois.

Que des maîtres rétribués par nos octrois nous donnent des leçons publiques de mathématiques, de dessin, de langues, de physique et de chimie.

Que la surveillance de l'éducation ne soit point attribuée aux prêtres quelque soient leurs vertus privées.

Que des fêtes, des solemnités au moment des équinoxes et des solstices cimentent l'union des hommes.

Qu'une fête quinquennième réunisse au chef-lieu de l'état toutes les productions du génie et peuple à ce moment la France d'étrangers surpris!

SIRE,

Telles sont les idées que la magnanimité déjà reconnue de V. M. m'enhardit à essayer de lui soumettre. Elles tiennent aux circonstances où nous nous trouvons, à l'AVÈNEMENT touchant et déjà signalé de V. M. au trône.

Heureux, si leur expression la peut convaincre de tout le respect, de la confiance, du dévouement et de l'amour que j'estime que la France entière doit lui porter.

Le Roi auquel nous pensons que V. M. va le plus ressembler est LOUIS XII. Il fut surnommé le PÈRE DU PEUPLE; mais il soutint des guerres qui furent malheureuses.

Confiante en la garde publique, en la force que V. M. va resserrer en son sein, la France n'en peut craindre.

Véritable père du Peuple français,

V. M. saura consolider ses institutions politiques; les mettre à l'abri des vains caprices des insensés, et les prémunir contre les ravages du tems en lui donnant les moyens au besoin de se réparer sans cesse.

V. M. sera le digne héritier de Louis, du bon Henri, pour, en un tems le plus éloigné, transmettre la France heureuse au dignes mains DE SON FILS.

Le Comte de FRANCLIEU.

P. S. SIRE, Votre Majesté aurait-elle la bonté de se faire rendre compte de cet écrit?

Des notes y seront jointes.

Voudra-t-elle bien ordonner qu'elles me soient communiquées.

Et si je pensais qu'il y eut lieu, me permettre d'y répondre?

Senlis (Oise), 12 Octobre 1824.

www.ingramcontent.com/pod-product-compliance
Lightning Source LLC
Chambersburg PA
CBHW070529050426
42451CB00013B/2924